CONEJOS AMIGOS

PAT JACOBS

Traducción de Santiago Ochoa

Crabtree Publishing Company
www.crabtreebooks.com

Crabtree Publishing

crabtreebooks.com 800-387-7650

Hardcover 978-0-7787-8440-1
Paperback 978-0-7787-8465-4
Ebook (pdf) 978-1-4271-2665-8

Printed in Canada/052024/CPC20240523

Published in Canada
Crabtree Publishing
616 Welland Avenue
St. Catharines, Ontario
L2M 5V6

Published in the United States
Crabtree Publishing
347 Fifth Avenue
Suite 1402-145
New York, NY 10016

First published in 2017 by Wayland

Author: Pat Jacobs

Editorial director: Kathy Middleton

Editor: Elizabeth Brent

Translation to Spanish: Santiago Ochoa

Edition in Spanish: Base Tres

Cover and interior design: Dynamo

Production coordinator & Prepress technician: Tammy McGarr

Print coordinator: Katherine Kantor

Photographs: iStock: Eric Isselée; p2 tyler olson, UroshPetrovic, SurkovDimitri; p3 Dorottya_Mathe; p4 GlobalP; p6 Eric Isselée, Julia Mashkova, matooker, GlobalP; p7 Susan Schmitz, GlobalP, Eric Isselée; p8 chengyuzheng, 5second, Dorottya_Mathe, Erik Lam; p9 suemack, indavostrovska, MGStockPhotography, Craig Dingle; p10 chengyuzheng; p11 &#169 CJKPhoto; p12 Elgars Retigs; p13 XiXinXing, gurinaleksandr; p14 &#169 Norman Chan, -slav-, Toshiro Shimada; p15 SeashoreDesign, Stefano Tinti; p16 Bronwyn8, vydrin; p17 Silke Dietze, baramee2554, GlobalP, kali9; p18 Marco Hegner, Nikolay Suslov; p19 Ramaboin, coramueller; p20 Phillip Danze, photobac; p21 wzooff, Dmitry Ersler, gutaper; p22 Elgars Retigs; p23 photosaint, lindavostrovska, bazilfoto, cynoclub; p24 Murmakova, chengyuzheng; p25 GlobalP; p26 Milos Stojanovic, FtLaudGirl, justtscott, William Attard McCarthy, Voren1, ALEXIUZ; p27 AnikaSalsera, akiyoko, feedough, Marina Maslennikova; p28 Voren1, Eric Isselée; p29 Stefan Petru Andronache; p32 CPaulussen; Front cover : Eric Isselée; Back cover: iava777 **Shutterstock:** p5 tr Imageman; p10 c Stephen Rees; p17 cl Goldfinch4ever; p24 Samuel Borges Photography
Alamy: p10 Janet Horton; p12 ableimages; p25 Arco Images GmbH

Printed in Canada/052024/CPC20240523

Library and Archives Canada Cataloguing in Publication

Title: Conejos amigos / Pat Jacobs ; traducción de Santiago Ochoa.
Other titles: Rabbit pals. Spanish
Names: Jacobs, Pat, author. | Ochoa, Santiago, translator.
Description: Series statement: Mascotas amigas | Translation of: Rabbit pals. | Includes bibliographical references and index. | Text in Spanish.
Identifiers: Canadiana (print) 20200292455 | Canadiana (ebook) 20200292463 | ISBN 9780778784401 (hardcover) | ISBN 9780778784654 (softcover) | ISBN 9781427126658 (HTML)
Subjects: LCSH: Rabbits—Juvenile literature. | LCSH: Rabbits—Behavior—Juvenile literature.
Classification: LCC SF453.2 J3318 2021 | DDC j636.932/2—dc23

Library of Congress Cataloging-in-Publication Data

Names: Jacobs, Pat, author. | Ochoa, Santiago, translator.
Title: Conejos amigos / Pat Jacobs ; traducción de Santiago Ochoa.
Other titles: Rabbit pals. Spanish
Description: New York : Crabtree Publishing Company, 2021. | Series: Mascotas amigas | Title from cover.
Identifiers: LCCN 2020031620 (print) | LCCN 2020031621 (ebook) | ISBN 9780778784401 (hardcover) | ISBN 9780778784654 (paperback) | ISBN 9781427126658 (ebook)
Subjects: LCSH: Rabbits--Juvenile literature.
Classification: LCC SF453.2 J3318 2021 (print) | LCC SF453.2 (ebook) | DDC 636.932/2--dc23

ÍNDICE

TU CONEJO: DE LA CABEZA A LA COLA

Los conejos son mascotas geniales y cada uno tiene su propia personalidad, pueden ser tan juguetones como los cachorros y tan traviesos como los gatitos. Los conejos son criaturas sociables y disfrutan de pasar tiempo con la gente, pero también necesitan un conejo compañero.

Ojos: Los ojos de los conejos están en lo alto de su cabeza, a ambos lados. Pueden ver en todas las direcciones y detectar a los **depredadores** que se acercan por detrás y por encima.

Cola: Los conejos a veces mueven la cola cuando están molestos o no quieren hacer lo que les pides.

Patas traseras: Las largas y fuertes patas traseras de los conejos les permiten mantenerse erguidos en busca de depredadores y correr rápido para escapar de ellos.

Orejas: La forma de sus orejas les permite oír sonidos a más de 2 millas (3.2 km) de distancia. También pueden oír sonidos agudos que los humanos no.

Bigotes: Los bigotes de un conejo miden lo que el ancho de su cuerpo, por lo que advierten al conejo si está a punto de entrar a un túnel estrecho donde podría quedarse atascado.

Dientes: Los dientes de los conejos nunca dejan de crecer, pero se desgastan al masticar plantas duras.

Nariz: Los conejos tienen un gran sentido del olfato, así como órganos olfativos adicionales en el paladar de su boca. Esto les ayuda a detectar los depredadores antes de que ellos los vean.

Garras: La parte inferior de las patas de los conejos está acolchada con pelaje para amortiguarlas.

DATOS SOBRE LOS CONEJOS

- Los conejos pueden correr a velocidades de hasta 30 millas (48.3 km) por hora.
- El conejo más grande del mundo se llama Darius. Mide 4.4 pies (1.3 m) de largo ¡y pesa 49 libras (22.2 kg)!

RAZAS DE CONEJOS

El tamaño de los conejos varía desde el pequeño y lindo Enano holandés, que tiene el tamaño de un cuyo, hasta las **razas** gigantes que son tan grandes como un perro de tamaño mediano. Estas son algunas de las razas más populares:

Los conejos **Rex** tienen un pelaje grueso y aterciopelado que es muy placentero acariciar. Son buenos conejos domésticos y se dice que tienen una personalidad felina.

Los conejos **Dwarf Lop** tienen orejas anchas que cuelgan al lado de su cabeza. Son amigables y juguetones. Disfrutan de estar con la gente y con otros conejos.

Los enanos de **Holanda** tienen una mancha blanca en forma de V en su cara y el mismo color en la parte frontal de su cuerpo. Son gentiles, amigables e inteligentes, por lo que son mascotas geniales.

Los conejos **ingleses manchados** son de tamaño medio, con pelaje blanco y marcas de colores. Son mascotas vivaces e inquisitivas que necesitan mucho ejercicio.

Los conejos **arlequín** son mascotas amables y curiosas que disfrutan jugar y ser el centro de atención. Necesitan mucho espacio y pueden vivir adentro o afuera.

Los conejos **angora** están cubiertos de pelo largo, lo que significa que necesitan ser cepillados todos los días. Por esta razón, no son la mejor opción para una familia ocupada.

Los **gigantes flamencos** son una de las razas más grandes, y crecen tanto como un perro de tamaño mediano. Son bondadosos y se llevan bien con otras mascotas, por lo que son conejos maravillosos para tener en casa.

Las **liebres belgas** son conejos, a pesar de su nombre. Tienen un cuerpo largo y delgado, y patas y orejas largas. Es una de las razas más enérgicas e inteligentes.

ELIGIENDO A TU CONEJO

En la naturaleza, los conejos viven en grupos. Es mejor conseguir al menos dos conejos, de lo contrario tu conejo se sentirá solo. Antes de comprar o adoptar un conejo, comprueba que sus ojos brillen, sus dientes se encuentren bien en la parte delantera y que sus orejas estén limpias.

¿BEBÉ O ADULTO?

Los conejitos son adorables, pero pueden ser destructivos y es difícil saber si son machos o hembras. Al elegir un adulto, puedes conocer la personalidad de tu nueva mascota y, si consigues uno en un centro de rescate, habrá sido examinado y **esterilizado** o **castrado**.

¿DE PELO LARGO O CORTO?

Los conejos de pelo largo son lindas bolas de pelo, pero son mascotas que requieren gran mantenimiento. Mientras que los conejos de pelo corto necesitan ser cepillados una vez por semana, los de pelo largo deben ser cepillados todos los días, o su pelo estará enredado y su piel podría desgarrarse.

¿GRANDES O PEQUEÑOS?

Los conejos gigantes son mascotas geniales si tienes espacio para ellos. Necesitarán vivir en casa o en un cobertizo con un espacio amplio. Los conejos enanos son más fáciles de manejar y viven hasta tres veces más, pero aun así necesitan mucho espacio para hacer ejercicio.

¿MACHO O HEMBRA?

Los conejos machos no castrados rocían orina, y las hembras no esterilizadas pueden ser muy **territoriales**, pero ambos son mascotas geniales cuando han sido castrados o esterilizados.

¿CONEJOS DE INTERIOR O EXTERIOR?

Los conejos son buenas mascotas si tu casa es a prueba de conejos. Podrás pasar más tiempo con ellos y probablemente harán más ejercicio que en un cerco al aire libre. Los conejos de exteriores necesitan una jaula grande para que puedan correr, y que sea a prueba de depredadores.

¡HOGAR, DULCE HOGAR!

Tu conejo necesita una jaula limpia y segura para vivir, donde pueda comer, dormir, descansar y esconderse si se siente asustado. También necesita mucho espacio para saltar, correr, brincar y acurrucarse para su siesta. Aquí verás cómo crear el hogar perfecto para tu conejo.

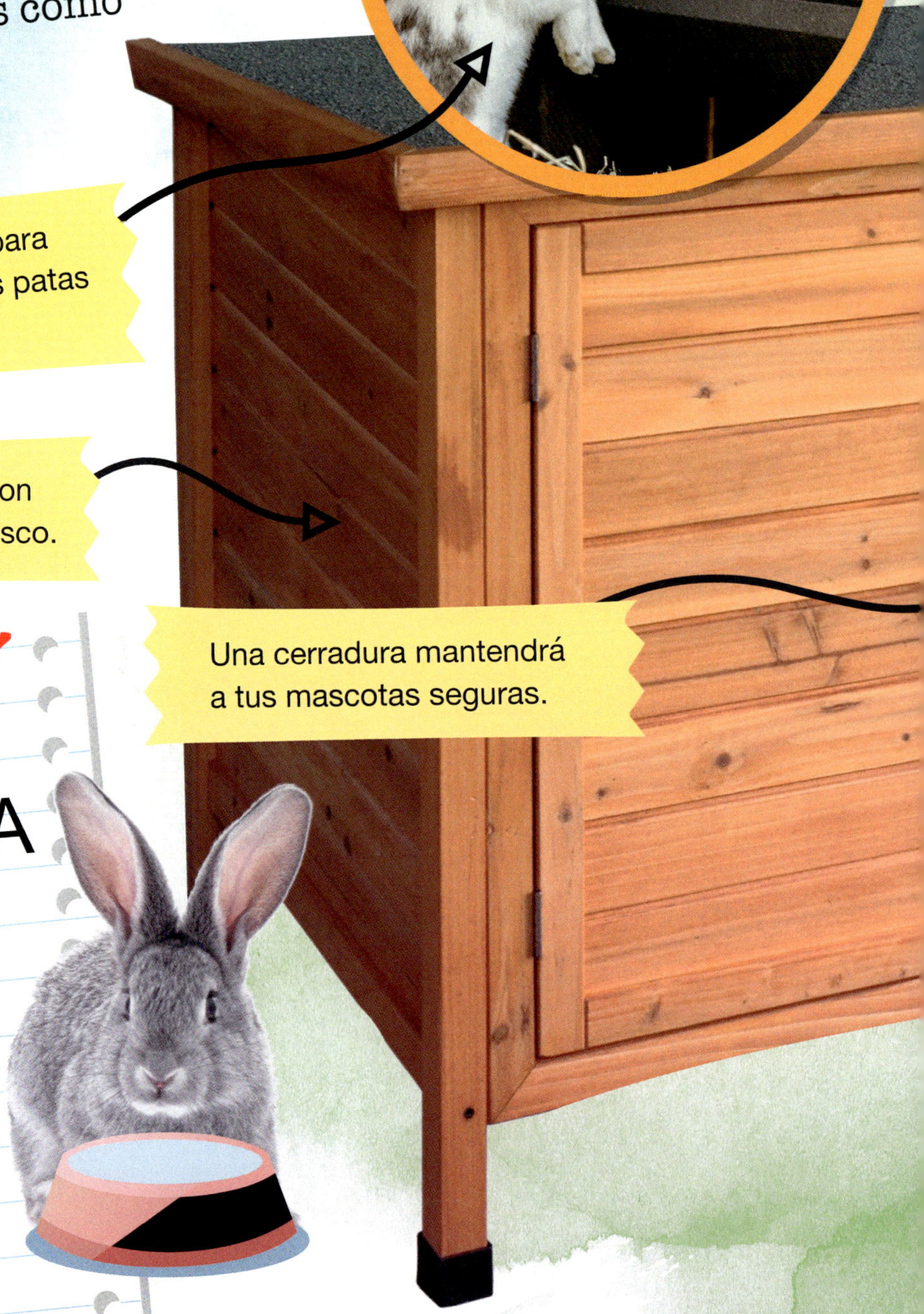

Tu conejo necesita espacio para estirarse y pararse sobre sus patas traseras sin tocar el techo.

Cubre la zona de dormir con papel periódico y heno fresco.

Una cerradura mantendrá a tus mascotas seguras.

EXAMINA A TU MASCOTA

Tu conejo tiene:

- ¿espacio suficiente?
- ¿un cerco seguro para hacer ejercicio?
- ¿su propio tazón de comida?
- ¿un tazón o una botella de agua?
- ¿una cama limpia?

LA MASCOTA HABLA

Por favor, llévame a la pista para saltar temprano en la mañana y por la tarde. ¡Es cuando me siento más activo!

¡MANTÉNLO LIMPIO!

- Limpia el área del baño todos los días.
- Limpia el cobertizo una vez por semana.
- Usa solo productos de limpieza para animales domésticos.

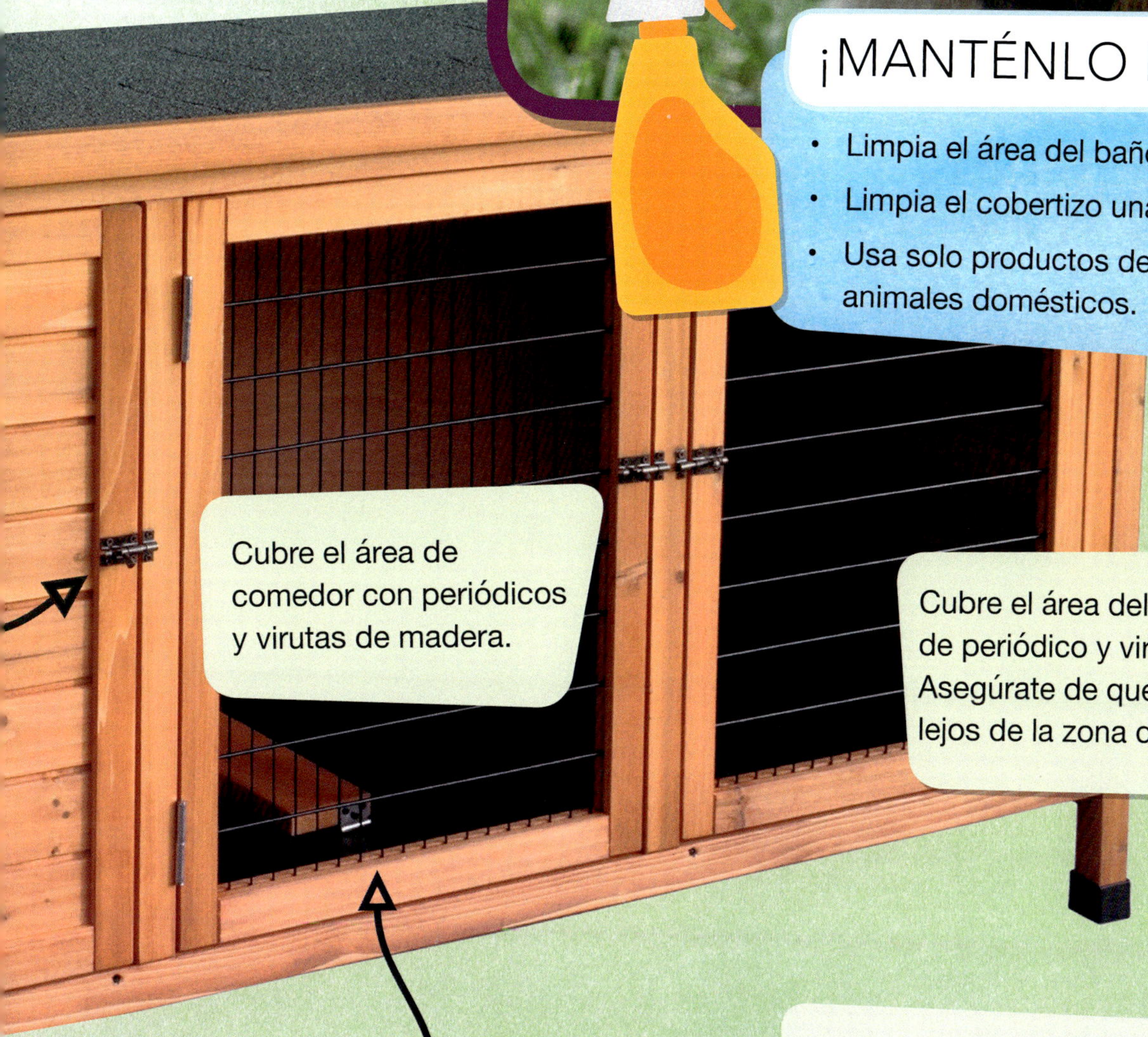

Cubre el área de comedor con periódicos y virutas de madera.

Cubre el área del baño con papel de periódico y virutas de madera. Asegúrate de que esta área esté lejos de la zona de dormir.

Elige un cobertizo con una puerta de malla para que entre aire fresco.

Tu conejo necesitará un lugar para hacer ejercicio. Puede ser una pista exterior o interior, o una habitación a prueba de conejos en tu casa.

HACIÉNDOSE AMIGOS

PRESENTÁNDOTE

La mejor manera de conocer a tu nuevo amigo es sentándote en silencio en el piso. Los conejos son naturalmente amigables y **curiosos**, así que si mantienes en tu mano una golosina, como un pedazo de zanahoria, tu conejo probablemente vendrá a ti.

Dale a tu conejo la oportunidad de acostumbrarse a los sonidos y olores de su nuevo hogar antes de intentar jugar con él. Los conejos son muy tímidos, necesitan saber que tienen un lugar seguro donde esconderse si se asustan porque son **presa** de muchos animales.

Juega suavemente con tu nueva mascota. La mayoría de los conejos prefieren que no los agarren o sostengan. Déjalos que te muestren lo que les gusta.

TÓMALO CON CALMA

Los conejos no pueden ver muy claramente, y tienen un **punto ciego** delante de su nariz. Pueden asustarse si te acercas de repente, especialmente por detrás, porque esto es lo que haría un depredador.

CÓMO ACARICIAR A TU CONEJO

A la mayoría de los conejos les gusta que los acaricien en la frente y alrededor de los hombros. Puede que no les guste que les toquen las orejas, las patas, el estómago o la cola.

LA MASCOTA HABLA

Mi compañero favorito es otro conejo. Los depredadores, como los perros y los gatos, no son mis amigos naturales, y puedo intimidar a los cuyos.

OTRAS MASCOTAS

Asegúrate de que tu nuevo conejo esté seguro dentro de una jaula antes de presentarlo a otras mascotas, y no los dejes juntos y a solas a menos de que sepas que no se lastimarán.

RACIONES DE CONEJO

La comida principal de un conejo debería ser el heno de buena calidad. Masticar heno desgasta sus dientes y evita que crezcan demasiado.

GOLOSINAS ESPECIALES

A los conejos les encantan los vegetales frescos, pero si consumen demasiados no comerán el heno (que los mantiene sanos) y podría darles diarrea. Los vegetales de hojas, las zanahorias y el brócoli son buenas golosinas para los conejos, pero nunca deben comer guisantes, judías, maíz, hojas de ruibarbo, papas, cebollas o ajo.

EXTRAÑO, PERO CIERTO

Debido a que los conejos salvajes tienen que sobrevivir con pasto de mala calidad, comen algunos de sus excrementos para aprovechar la mayor cantidad de beneficios de su comida como sea posible. Estos excrementos blandos especiales se producen normalmente por la noche. Es posible que veas a tu conejo comerlos directamente de su trasero.

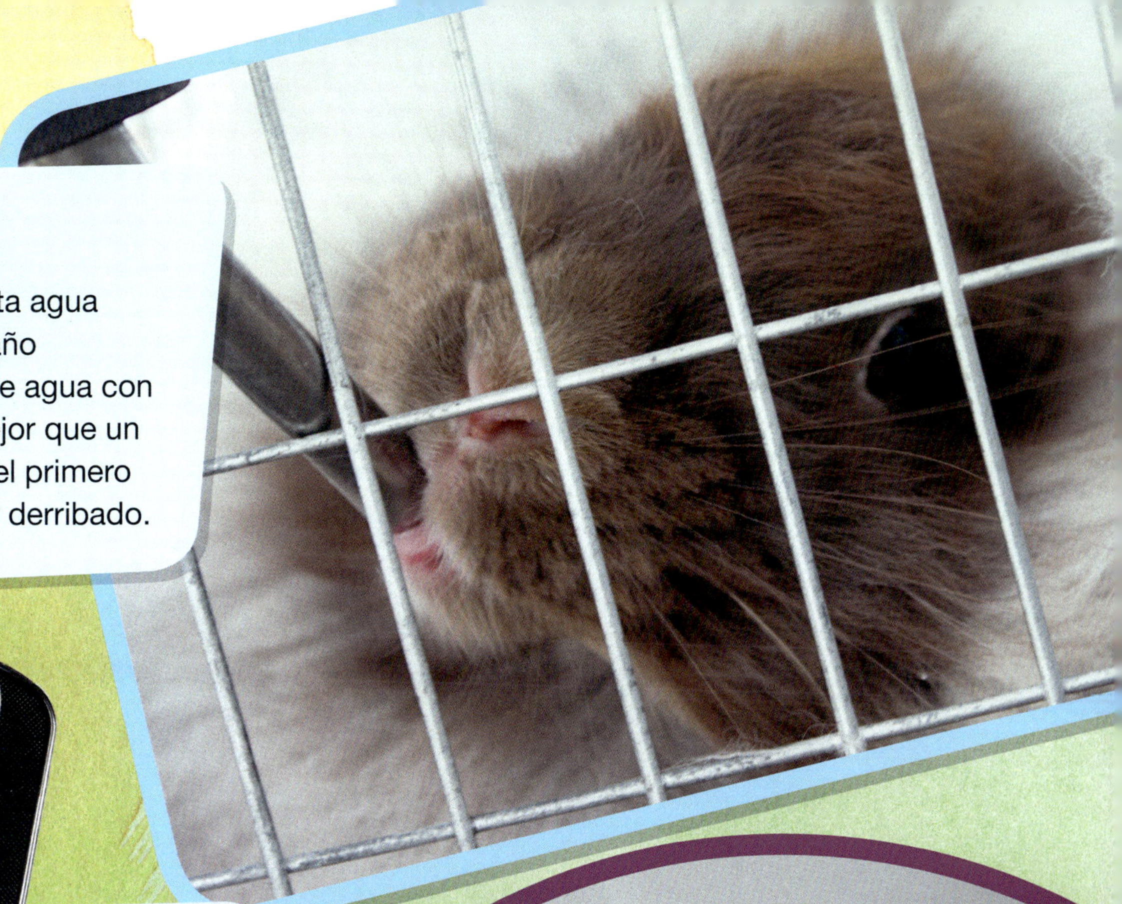

AGUA

Un conejo necesita tanta agua como un perro de tamaño mediano. Una botella de agua con un pico de metal es mejor que un tazón de agua, ya que el primero puede ensuciarse o ser derribado.

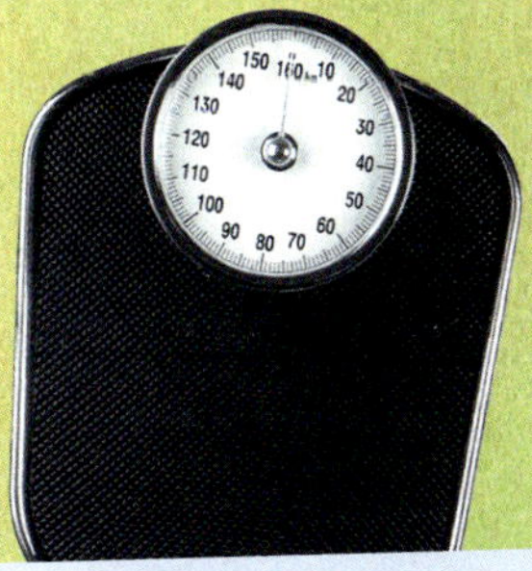

VIGILANCIA DEL PESO

Los conejos domésticos no son tan activos como los que están en la naturaleza, por lo que si comen demasiadas golosinas pueden engordar fácilmente. Un conejo con sobrepeso no puede acicalarse adecuadamente, lo que puede conducir a problemas de salud.

DIETA DIARIA

Cada día, tu conejo debería comer:

- un manojo de heno del tamaño de su cuerpo
- un puñado de vegetales frescos
- una cucharada (15 ml) de bolitas verdes para conejos

Cuando acaricies a tu conejo, deberías poder sentir su columna y sus costillas.

CUIDADO DIARIO

Revisar a tu conejo todos los días es la parte más importante de ser un buen dueño de mascotas. Debes asegurarte de que sus excrementos se vean normales, que esté comiendo y bebiendo y que no parezca estar enfermo o con dolor.

ACICALÁNDOSE

Los conejos se limpian a sí mismos y a sus amigos, pero si tragan mucho pelo, este puede atascarse en su estómago y causarles un problema serio. Por eso es importante cepillar cada semana a tu conejo de pelo corto y todos los días si es un conejo de pelo largo.

El veterinario puede recortar los dientes y las garras de tu conejo si están muy largos.

DIENTES Y GARRAS

Revisa los dientes y las garras de tu conejo para asegurarte de que no crezcan demasiado. Si sus dientes son demasiado largos, tu conejo no podrá comer. Es probable que los conejos domésticos no puedan desgastar bien sus garras, especialmente si viven en un espacio interior. Estas pueden romperse si crecen demasiado.

LA MASCOTA HABLA

Por favor, cepilla mi pelaje con suavidad porque tengo una piel muy delicada.

PARÁSITOS MOLESTOS

Los conejos pueden contraer **parásitos** como **pulgas** y **garrapatas**, así que comprueba si hay señales de ellos cuando cepilles a tu conejo. Mira adentro de sus orejas también, en caso de que tu mascota tenga **ácaros** allí.

Visita al veterinario si tu conejo sacude la cabeza y se rasca las orejas. Podría tener ácaros en las orejas.

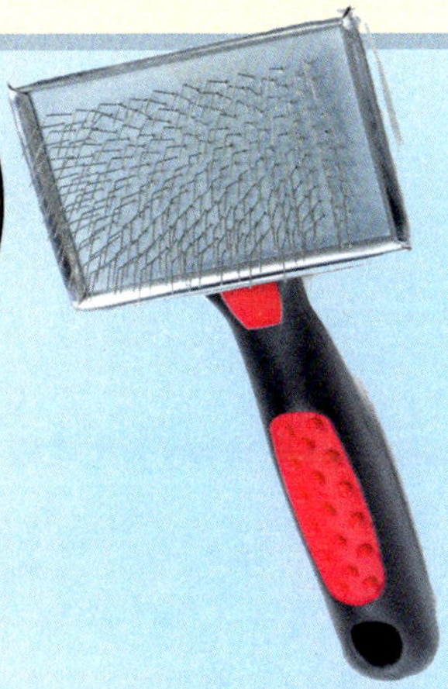

PROHIBIDO BAÑARLOS

A los conejos no les gusta mojarse y no debes bañarlos porque entrarán en pánico y podrían lastimarse. Si tu conejo se ensucia, es mejor limpiarlo con un poco de agua y un poco de champú para mascotas.

MOSCAS

Si los conejos tienen el pelo sucio, tal vez sea porque tienen diarrea, están muy viejos o su sobrepeso les impide limpiarse adecuadamente. Las moscas podrían poner sus huevos sobre ellos, lo que podría causarles infecciones o enfermedades. Asegúrate de revisar el pelo del conejo todos los días, especialmente en los meses de verano.

SALUD Y SEGURIDAD

Los conejos pueden ser atacados por perros, gatos, zorros, comadrejas, tejones y algunas aves, así que asegúrate de que sus jaulas y corrales sean seguros. Los conejos golpean el suelo con sus patas traseras si sienten un depredador cerca, así que si escuchas ese sonido, comprueba que tu mascota esté a salvo.

PELIGROS EN EL INTERIOR

Masticar es un **instinto** del conejo, así que tendrás que volver tu casa a prueba de conejos. Tendrás que poner los cables fuera de su alcance o cubrirlos con un tubo de plástico resistente. Una descarga eléctrica podría matar a tu mascota.

Lo mejor es jugar con el conejo al nivel del suelo y dejar que un adulto lo recoja si es necesario, ya que los conejos pueden romperse la columna vertebral si se caen.

ESTERILIZACIÓN

La esterilización o castración de los conejos los hace más amigables, se comportan mejor y los protege de muchos problemas de salud. También les ayuda a tener una vida hogareña más tranquila, ¡ya que una coneja no esterilizada puede tener más de 70 bebés en solo un año! No olvides que los conejos pueden empezar a procrear desde las diez semanas de edad.

VACUNAS

Tu mascota puede contraer enfermedades mortales provenientes de insectos y conejos salvajes. No hay cura para muchas de estas enfermedades, así que es muy importante **vacunar** a tu conejo contra ellas

LA MASCOTA HABLA

Por favor, recuerda que llevo un abrigo de piel. Mantén mi jaula en la sombra en verano, y por favor no me dejes en una habitación caliente.

PLANTAS VENENOSAS

Las plantas comunes que son venenosas para los conejos incluyen la correhuela, ranúnculos, saúco, dedalera, hiedra, altramuces, laburno, hojas de roble, alheña y ruibarbo, así como semillas de manzana y muchos tipos de madera. Busca en línea para obtener una lista completa.

COMPORTAMIENTO DEL CONEJO

En la naturaleza, los conejos exploran el mundo olfateando, tropezando, masticando y cavando. A menudo son traviesos y curiosos, ¡y no se rinden fácilmente!

MASTICAR Y CAVAR

Roer y cavar son parte del comportamiento natural de un conejo, así que no puedes culparlos por tratar de masticar la pata de una mesa o excavar en el suelo. Lo mejor es darles juguetes que puedan masticar, y una caja de arena o con papel triturado para que se comporten de forma natural sin causar daños.

MARCAR CON OLORES

Los conejos tienen **glándulas** odoríferas bajo sus barbillas, así que puede que tu conejo frote su barbilla contra las cosas para **marcar con su aroma** lo que considera parte de su territorio, eso podría incluirte a ti.

CABRIOLAS

Si tu conejo salta en el aire como un resorte, gira su cuerpo y mueve su cabeza y pies, está haciendo una cabriola. Esto significa que tienes un conejo muy feliz.

CONEJO ABURRIDO

Si tu conejo empieza a acicalarse más a menudo de lo normal puede ser un signo de aburrimiento, especialmente si vive solo. Un conejo aburrido también puede morder su jaula y tirar sus juguetes o su plato de comida.

MOVER LA NARIZ

Los conejos son conocidos por mover sus narices. Es una señal de lo interesados que están en lo que sucede. Si hay mucha actividad cerca, su nariz puede moverse a gran velocidad. Cuando el ambiente es más tranquilo y ellos se sienten relajados, el movimiento de narices disminuye o se detiene.

LA MASCOTA HABLA

Tengo un párpado adicional que es claro. A veces, cuando estoy dormido, lo cierro y me veo como si estuviera durmiendo con los ojos abiertos.

COMUNICACIÓN

Los conejos expresan sus sentimientos a través de las orejas, la cola, el **lenguaje corporal** y los ruidos que hacen. Esta es una guía de lo que tu conejo trata de decirte:

LENGUAJE CORPORAL DEL CONEJO

Cuando un conejo está feliz y relajado, se inclinará hacia un lado y se girará sobre el lomo con los ojos cerrados. Si tu conejo se siente amigable, se pondrá frente a ti y puede darte incluso un empujón. Pero si has hecho algo para molestarlo, te dará la espalda. ¡Puedes intentar hacer lo mismo si tu conejo hace algo que no te gusta!

CONVERSACIÓN DE CONEJOS

Algunos conejos tienen mucho que decir, mientras que otros son bastante callados. Estos son algunos ejemplos de ruidos de conejos y lo que significan:

- **Rechinar los dientes con suavidad:** Estoy contento.
- **Castañetear o rechinar los dientes con fuerza:** Siento dolor.
- **Barbotear:** Estoy enojado o infeliz.
- **Murmullar:** Estoy muy enojado.
- **Chillar:** Tengo dolor o estoy muy asustado.
- **Cloquear:** Me siento relajado.

LA MASCOTA HABLA

Si me vuelvo agresivo o empiezo a esconderme de repente, puedo estar enfermo o con dolor.

¡CUIDADO!

Un conejo enojado gruñirá o bramará y es posible que mueva la cola de un lado a otro. Esto podría ser una advertencia de que se está preparando para morder, así que es mejor retroceder.

OREJAS EXPRESIVAS

La posición de las orejas de un conejo da una pista sobre cómo se siente.

- **Orejas que se mueven rápidamente:** Quiero jugar.
- **Orejas arriba y echadas hacia adelante:** Estoy contento.
- **Orejas giradas hacia los lados y luego hacia atrás:** Me estoy molestando.
- **Orejas inclinadas hacia adelante:** Tengo curiosidad.
- **Orejas inclinadas hacia atrás:** Estoy enojado, así que déjame en paz.
- **Orejas inclinadas y apuntando hacia abajo:** Soy muy infeliz y podría estar enfermo.

ENTRENAMIENTO

Entrenar a tu conejo es divertido para ambos. Usa siempre golosinas para recompensar a tu conejo cuando haga lo que le pidas. Nunca lo castigues por hacer algo malo, pues lo asustarás. El entrenamiento con un mando es una buena manera de empezar.

ENTRENAMIENTO CON UN MANDO

Los mandos para entrenar a los gatos pueden ser muy ruidosos para tu conejo, así que intenta usar un bolígrafo. Haz clic en el bolígrafo, espera un segundo y luego dale un regalo a tu conejo. Aléjate y vuelve a hacer clic con el bolígrafo. Dale un premio a tu conejo si se acerca a ti. Repite esto varias veces.

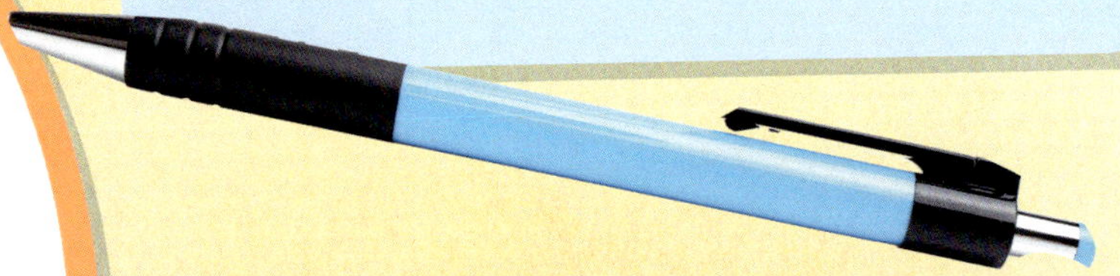

¡VEN, CONEJO!

Una vez que tu conejo se acerque a ti cuando escuche el clic del mando, empieza a decir su nombre después de cada clic antes de darle la golosina. Repite esto varias veces, y luego intenta llamar sin el mando para ver si tu conejo se acerca a ti cuando oiga su nombre.

TIEMPO EN CASA

Entrenar a tu conejo para que vuelva a su jaula o transportín te evitará tener que atraparlo. Siéntate cerca de la jaula y usa el control para llamar a tu mascota, y luego pon una golosina adentro. Repite esto varias veces mientras dices «casa». Luego inténtalo sin el mando.

ENTRENAMIENTO DE LA CAJA

Pon una capa de periódico en una bandeja poco profunda y cúbrela con heno o con arena para conejos (no para gatos). Recoge algunos desechos y espárcelos en la bandeja para animar a tu conejo a usarla.

CONSEJOS PARA EL ENTRENAMIENTO

- Ten solo un animal en la habitación durante el entrenamiento.
- No debería haber ningún ruido excepto el del mando y tu voz.
- El entrenamiento debe durar solo unos minutos.
- Asegúrate de que tu conejo domine un truco antes de pasar al siguiente.
- Si tu conejo no parece interesado, detente y vuelve a intentarlo más tarde.

Si tu conejo deja los desechos en otra parte de la habitación o del recinto, coloca la bandeja allí.

LA MASCOTA HABLA

¡Soy bastante listo! Puedo aprender a saltar a través de un aro y a rodar una pelota.

DIVERSIÓN Y JUEGOS

CÓMO ENTRETENER A TU CONEJO

Los conejos son animales muy activos y necesitan al menos tres horas de ejercicio diario. Les encanta jugar, así que prueba algunos de estos juegos y actividades para ver qué le gusta más a tu conejo.

JUGUETES PARA ARROJAR

A los conejos les gustan los juguetes que pueden sostener en sus bocas y arrojar, pero no esperes que jueguen a «traerlos». Serás tú el que tenga que ir por el juguete.

Llena un rollo de toalla de papel con heno y esconde una golosina adentro para que tu conejo la encuentre.

JUGUETES PARA DERRIBAR

A la mayoría de los conejos les gusta tirar cosas, así que prepara algunas botellas de plástico, una pirámide de pelotas o una pila de ladrillos de plástico, y luego suelta a tu conejo.

Quita todas las cintas del empaque y las grapas de las cajas.

HAZ UNA ZONA DE JUEGO PARA LOS CONEJOS

Crea una ciudad de cartón usando cajas, tubos y túneles, e incluye una caja llena de papel triturado para cavar. Corta ventanas y puertas en las cajas grandes y añade algunos juguetes, como pelotas con campanas adentro, para que los conejos se diviertan más.

CUÁNDO JUGAR

Los conejos son más activos por la mañana y por la tarde, así que es el mejor momento para jugar con ellos. Cuando tu conejo te conozca, te dirá que quiere jugar dando vueltas alrededor de tus pies o jalando tu ropa.

CUESTIONARIO SOBRE CONEJOS

¿Qué tanto sabes sobre tu conejo amigo? Haz esta prueba para averiguarlo.

1 **¿Cuál de estos conejos tiene el tamaño de un perro mediano?**

- **a.** Ingleses manchados
- **b.** Liebre belga
- **c.** Gigante flamenco

2 **¿Cuál de estos conejos tiene el pelo largo?**

- **a.** Angora
- **b.** Arlequín
- **c.** Rex

3 **¿Con qué frecuencia debes limpiar la conejera?**

- **a.** Todos los días
- **b.** Cada semana
- **c.** Cada mes

4 **¿Por qué los conejos frotan sus barbillas contra las cosas?**

- **a.** Para marcarlas con su aroma
- **b.** Para rascarse la barbilla
- **c.** Porque están aburridos

5 **¿Con qué frecuencia debes cepillar a un conejo de pelo corto?**

- **a.** Todos los días
- **b.** Cada semana
- **c.** Cada mes

6 **¿Cuál de estos vegetales no es adecuado para los conejos?**

a. Zanahorias
b. Brócoli
c. Cebollas

7 **¿Cuál de estas plantas es mala para los conejos?**

a. Ranúnculos
b. Hierba
c. Diente de león

8 **¿Qué es una cabriola?**

a. Un conejo bebé
b. Un juguete de conejo
c. Un salto feliz

9 **¿Cuándo son más activos los conejos?**

a. Por la noche
b. Temprano por la mañana y al final de la tarde
c. A la hora del almuerzo

10 **¿Cómo se siente un conejo si sus orejas están inclinadas hacia adelante?**

a. Feliz
b. Curioso
c. Enojado

RESPUESTAS DEL CUESTIONARIO

1 **¿Cuál de estos conejos tiene el tamaño de un perro mediano?**

c. El gigante flamenco

2 **¿Cuál de estos conejos tiene el pelo largo?**

a. Angora

3 **¿Con qué frecuencia debes limpiar la conejera?**

b. Cada semana

4 **¿Por qué los conejos frotan sus barbillas contra las cosas?**

a. Para marcarlas con su aroma

5 **¿Con qué frecuencia debes cepillar a un conejo de pelo corto?**

b. Cada semana

6 **¿Cuál de estos vegetales no es adecuado para los conejos?**

c. Cebollas

7 **¿Cuál de estas plantas es mala para los conejos?**

a. Ranúnculos

8 **¿Qué es una cabriola?**

c. Un salto feliz

9 **¿Cuándo son más activos los conejos?**

b. Temprano por la mañana y al final de la tarde

10 **¿Cómo se siente un conejo si sus orejas están inclinadas hacia adelante?**

b. Curioso

APRENDE MÁS

LIBROS

Ganeri, Anita. *Bunny's Guide to Caring for Your Rabbit.* Heinemann-Raintree, 2013.

Johnson, Samantha. *How to Raise Rabbits.* Voyageur Press, 2009.

MacAulay, Kelley y Bobbie Kalman. *Rabbits.* Crabtree Publishing Company, 2005.

GLOSARIO

ácaros: pequeñas criaturas similares a una araña

castrado: macho que ha sido operado para impedir que pueda tener crías

curiosos: que desean saber qué sucede a su alrededor

depredadores: animales que cazan y comen otros animales

esterilizado: animal (hembra) que ha sido operado para impedir que pueda tener bebés

garrapatas: parásitos pequeños y redondos que se alimentan de sangre

glándulas: órganos que producen fluidos y químicos, como la saliva, las lágrimas y el olor

instinto: comportamiento natural que es automático y no se aprende

lenguaje corporal: comunicarse a través de gestos y movimientos corporales

marcar con su aroma: cuando un animal libera un olor o una sustancia, como la orina, para marcar su territorio

parásitos: criaturas que viven en otras criaturas o encima y se alimentan de ellas

presa: animal que es cazado y matado por otros

pulgas: insectos chupadores de sangre que causan picor y pueden transmitir enfermedades

punto ciego: área que no se puede ver

razas: grupos de animales en los que sus miembros cuentan con los mismos ancestros y características

territoriales: cuando los animales reclaman un área para sí mismos y la defienden contra los intrusos

vacunar: inyectar medicamentos que protejan a los animales y a los humanos de enfermedades graves

ÍNDICE ANALÍTICO